PRÉFACE

Il n'y a rien de neuf à dire au sujet de la session des États de Vitry-le-François, dont M. Aug. Nicaise a publié en 1862 la relation si curieuse, si pleine de verve et d'esprit, écrite par Bertin du Rocheret, président de l'élection d'Epernay. Celui-ci n'y épargne pas le prince de Ligne qui présidait l'ordre de la noblesse comme marquis de Dormans et prêtait trop facilement aux caustiques critiques du mordant magistrat. Mais le prince avait rédigé ou fait rédiger le journal de ces mêmes États, document que M. Nicaise paraît ne pas avoir connu lors de son intéressante publication, car il ne le mentionne pas. Nous croyons donc utile de le donner d'après une copie contemporaine conservée à la Bibliothèque Nationale, tome CXI de la collection de Champagne, sous ce titre : « Extrait sur l'original communiqué par M. le prince de Ligne, président de la noblesse. »

MÉMOIRE DU PRINCE DE LIGNE

MÉMOIRE

Ou journal de ce qui s'est passé à l'ouverture et pendant la tenue des États de la partie de Champagne et de Brie régie par la coutume de Vitri, à Vitri le François.

Le 23 avril 1744, M. le Prince de Ligne, Marquis de Dormans, fut assigné et mandé pour assister en la ditte dernière qualité à l'ouverture des Estats de cette partie de Champagne qui devoit se faire le 27 du mois d'avril. Il fut choisi pour être President et chef de la Noblesse et Provinces aux dits États, ceux qui par le titre de leurs terres devoient le précéder à la séance ne pouvant s'y trouver parce qu'ils étoient au service du Roy et employés dans ses armées.

M. le Prince de Ligne partit de Paris le 23 avril et arriva le dimanche 26 à Vitri le François au logement qui lui avoit été marqué par l'intendant en l'hôtellerie du Lion. Il y trouva quantité de noblesse qui l'y attendoit. Le gouverneur de la ville vint luy offrir tout ce qui dépendoit de lui et le commandant de la Maréchaussée vint prendre ses ordres ; on voulut lui donner une garde à son logement, mais il la refusa. Le seul ordre qu'il donna fut de faire chanter le lendemain la messe du Saint-Esprit pour l'ouverture des États.

A neuf heures du soir, n'entendant point parler de MM. les Commissaires du Roi, il envoya un valet de chambre leur faire compliment de sa part et les avertir de son arrivée. Le compliment fut reçu froidement. M. Dupré, conseiller au Parlement, répondit seulement : « Nous sommes charmés que M. le Prince soit arrivé en bonne santé. Ce sera demain l'ouverture de la séance à neuf heures. M. le Prince s'y trouvera s'il veut. »

Le lendemain, 27 avril, la noblesse en corps vint prendre M. le Prince de Ligne à son logement, ayant en tête la Maréchaussée pour assister à la grande messe du Saint-Esprit, qui fut dite dans l'Eglise de Notre-Dame par le doyen de la Collégiale de cette ville.

Les Commissaires du Roi sortirent les premiers de l'Eglise à la tête du Bailliage et du Tiers État, pour monter à l'hôtel de ville que l'on appelle le Palais pour l'assemblée des États. Ensuite le clergé et la Noblesse sortirent en deux files pour monter au Palais, M. le Prince de Ligne, à la tête de la noblesse, et le clergé à la droite. Comme ces deux corps étaient au milieu de la grande place dont ils faisaient le tour pour monter à la salle des États, un greffier en robe descendit du Palais qui vint dire à M. le Prince de Ligne : « Monsieur, Messieurs les Commissaires du Roi et du Parlement vous prient de remettre la séance à

trois heures après-midy, rien n'est prêt », et en-
suitte, s'étant approché de son oreille, il lui dit
tout bas : « Le Lieutenant général et le procureur du Roi de ce Bailliage n'ont pas le sens commun ; ils n'ont point encore mis en ordre leurs
papiers pour faire leurs propositions aux États et
ne scavent pas leurs harangues. Il faut absolument remettre la séance à 3 heures après-midy. »

Les Seigneurs ecclésiastiques et séculiers s'é-
crièrent : « Ce n'est pas ainsi que l'on traite le
corps de la noblesse et du clergé. » Mais les Pré-
sidents des deux corps se retournèrent et dirent :
« Messieurs, rien n'est prêt, et l'on ne peut ouvrir
la séance qu'à trois heures après-midi. »

Cet incident fut causé par l'ignorance des commissaires, parce que cette convocation leur estant
nouvelle, ils pointillèrent sur le cérémonial qu'ils
ne scavaient pas et firent retomber la faute sur
le lieutenant général et sur le procureur du Roi
du Bailliage qui devait proposer la matière.

Le prince de Ligne fut reconduit chez lui par
le corps de la noblesse, et le Président du clergé
fut reconduit de même par son corps.

Avant que de détailler par séance ce qui s'est
passé aux États, il est bon de faire connaître la si-
tuation des choses pour éclaircir les faits. On ne
connoit aux États d'autres dignitez que celles des
terres que l'on possède et qui donnent séance et
voix délibérative, en sorte que l'on n'appelle les
seigneurs que du nom de leurs erres, soit ecclésiastiques ou séculiers. Ceux qui sont Princes,
Ducs ou Mareschaux de France, sont appellez

pour la première fois suivant les dignités qu'ils prennent : mais on y ajoute en même temps le nom de leurs terres. Mais la seconde fois on ne les appelle plus que par le nom de leurs terres; comme Marquis de Dormans, Comte de Grand pré, ainsi du reste, à moins que leurs terres ne soient érigées en Duchez ou en Principautez. Cela posé, on ne parlera en ce mémoire des seigneurs que par les noms de terre.

Il s'agissoit aux États de déclarer la coutume de Vitri allodiale ou de franc alleu ou de la déclarer non allodiale et sujette à tous les droits seigneuriaux envers leurs seigneurs. Le Bailliage de Vitri avait pris la précaution d'écrire des lettres circulaires à tous les Bailliages de la Province pour faire des assemblées particulières dans chaque Bailliage et d'arrêter entre eux qu'ils reconnoissoient la coutume de Vitri pour allodiale franche et libre de tous droits seigneuriaux et de se joindre sur ce point au Bailliage de Vitri.

Le Bailliage de Vitri avoit fait depuis plus de trois mois des mémoires pour justiffier que la coutume de Vitri est de franc alleu. Ils avoient fait serment entre eux de ne communiquer ces mémoires à personne que lorsqu'on les mettroit sur le bureau des États.

Le Bailliage de Vitri avait fait promettre à tous les avocats et procureurs du Bailliage sous serment de ne se charger d'aucune procuration des seigneurs, ecclésiastiques ou séculiers pour comparoître pour eux en leur absence aux États à moins que les seigneurs ecclésiastiques ou séculiers absents ne déclarassent par leurs procurations qu'ils tenoient la coutume de Vitri pour allodiale et de franc alleu.

Le Bailliage de Vitri avoit aussi verbalement fait deffenses aux sindics de la communauté des notoires et des huissiers de cette ville de recevoir ou signifier aucune protestation à moins que le franc alleu et l'allodialité ne fut reconnue.

Toutes ces mesures prises par le Tiers État font que le Marquis de Dormans, la noblesse et le corps ecclésiastique n'ont eu aucun secours d'avocats dans le cours des États. Le Marquis de Dormans s'est trouvé isolé et en but aux commissaires qui vouloient toujours empiéter sur les droits de presyéance des deux corps du clergé et de la noblesse et qui vouloient tousjours ne les considerer que comme conseillers et les commissaires comme juges, ce que le Marquis de Dormans n'a pas voulu souffrir, en sorte qu'il a tousjours été en altercation avec les sieurs commissaires du Roi, en sorte que s'en est peu fallu que les Estats n'ayent esté rompus pour cela, mais comme le Marquis de Dormans a tenu ferme les commissaires n'ont pas voulu prendre sur eux de rompre les séances, ce qui fait qu'elles ont continué.

Le 27 avril, à trois heures après-midi, les commissaires, à la tête des Bailliages de toute la province, précédés des archers de la ville et des huissiers du Bailliage composant le Tiers État, entrèrent dans la salle des États au Palais et se placérent dans le banc du Tiers État, les seigneurs

ecclésiastiques se mirent en même temps en
marche et entrèrent par la porte qui leur étoit
destinée, pendant ce temps la noblesse étant
venue en corps prendre le Marquis de Dormans
en son logis, la marche des seigneurs séculiers
commença par la Maréchaussée qui était à leur
tête. Le Marquis de Dormans, suivi de la noblesse,
monta dans la salle des États et se plaça aux hauts
siéges, ainsi que les seigneurs de la noblesse qui
le suivoient, en sorte qu'il n'y avoit qu'une place
vuide entre lui et le président du clergé. Les
commissaires du Roi étoient assis dans les bas
siéges, une table devant eux, vis-à-vis et aux deux
côtés étoit le Tiers État qui entourait la table.

Pendant la marche les rues étoient pleines de
monde et l'on remarqua une troupe de femmes
apostées criant bien haut : justice.

M. Dupré, l'un des trois conseillers commissaires, se leva et fit la harangue aux États en
adressant la parole aux deux Presidents du clergé
et de la noblesse en disant Monsieur. Toute la
harangue roula sur les louanges du Roi qui permettoit aux États de s'assembler dans un temps
aussi critique ; que l'amour du Roi pour ses sujets
étoit l'unique raison qui put le distraire d'une
guerre juste et nécessaire pour permettre l'assemblée des États qui n'avoit pas été tenue depuis
230 ans, que le but de Sa Majesté étoit de rendre
ses sujets tranquilles, les tirer de quantité de
procés dont ils étoient molestés, faute d'explication d'une loi dont la décision devoit faire leur
bonheur et leur tranquillité ; qu'à l'exemple des

soins paternels de Sa Majesté, il ne doutoit pas
que les seigneurs ecclésiastiques et séculiers ne
voulussent rendre aux sujets de leurs terres la
justice qui pouvoit leur être due; que semblable-
ment Messieurs du Tiers État devoient concourir
à la décision d'une loi dont ils devoient être le
soutien sous l'authorité Royalle ; que pour eux
commissaires avoient été envoyés de la part du
Roy pour rédiger en procès-verbal les dictes
requisitions et protestations des trois États s'il
y en avoit à faire ; qu'ils seroient trop heureux en
leur particulier de pouvoir procurer la tranquillité aux seigneurs des États et au bonheur des
peuples. Ainsi finit cette harangue.

Le Marquis de Dormans, avant l'entrée de la
séance, avoit demandé communication de la
harangue des commissaires. promettant de communiquer sa réponse, mais il fut refusé. Ainsi
aussitôt que le sieur Dupré eut cessé de parler, il
se leva, et otant son chapeau, il dit : Monsieur,
vous venez d'expliquer aux seigneurs des États
dans votre harangue, le sujet de cette assemblée
et quelle loi les seigneurs des États ont à tenir
pour constante en sorte qu'après cette décision,
ils n'ont qu'à supplier le Roi d'authoriser leurs
résolutions et décisions de sa royale authorité ;
que les fidéles États de Sa Majesté qui sont ici
assemblés sont pénétrés du plus profond respect
pour sa personne sacrée et de reconnoissance de
ce qu'il a bien voulu se distraire de l'attention
qu'il doit à une guerre nécessaire pour leur permettre de se procurer une tranquillité stable en

decidant des points de coutume mal entendus ou mal expliqués; que les trois États étoient charmés de ce qu'il avoit plu à Sa Majesté de choisir pour ses députés des magistrats aussi éclairés que ceux qui composaient cette députation, que les trois États seroient charmés de profiter de leurs conseils et de leurs lumières pour servir à la décision d'une loi de si grande importance.

Ensuite le Tiers État fit sa harangue par le ministère du lieutenant général du bailliage de Vitri qui parla longtemps; sa harangue roula sur les differends procès que les articles contestez de la coutume avoient fait naître.

Quand tous les discours furent faits, le Greffier des États, qui étoit en robe au bout de la table vis-à-vis Messieurs les Commissaires, se leva et, étant découvert, il prit sur la table la lettre de cachet du Roi et les lettres patentes pour l'assemblée des États, et commença la lecture par la lettre de cachet en ces termes : *De par le Roy.* Aussitôt que le Marquis de Dormans eut entendu ces mots, il se leva et s'approchant un pas avec le Président du clergé à qui il dit quelques mots, il se rassit et se couvrit et dit : Greffier, lisez. Le Greffier reprit la lecture et dit : *De par le Roy.* Alors le Marquis de Dormans l'interrompit et dit : Greffier, lisez mieux, les seigneurs États ne connoissent pas ici le Roy tout court, mais reconnoissent le Roy comme Comte de Champagne, et sont, en cette qualité, ses très fidèles États et respectueux sujets.

Alors le Greffier reprit et dit : *De par le Roy,*

Comte de Champagne, et continua la lecture de la
lettre de cachet et des lettres patentes. La foule
était si grande dans la salle des États qu'une partie de la noblesse et du clergé ne put parvenir aux
places qui leur étaient destinées, ce qui engagea
le Marquis de Vignacourt de représenter au Marquis de Dormans d'ordonner à la Marechaussée
qui étoit sous les armes dans la salle de faire
faire place au clergé et à la noblesse. Ce mot
d'ordonner choqua M. Dupré, conseiller. qui se
leva et dit : Que personne n'avoit droit d'ordonner, que le Parlement qui avoit la grande police
du Royaume.

Le Marquis de Dormans prit la parole et dit :
Nous concevons que le Parlement a la grande
police pour la iustice ; mais il ne l'a pas pour les
armes ; c'est aux États à mettre ordre à leurs
séances et à ordonner aux officiers de la Marechaussée de faire leur devoir dans ce cas ; et sur
le champ il dit tout haut : M. le commandant de
la Marechaussée faites faire place aux seigneurs
ecclésiastiques et séculiers pour qu'ils puissent
prendre leurs places. M. Dupré ne dit plus rien,
mais la Marechaussée voulant exécuter cet ordre,
il ne lui fut pas possible d'en venir à bout et on
ne put l'exécuter. A la faveur de cette confusion,
une grande quantité de curés criant qu'ils étoient
du corps ecclésiastique se placèrent devant et
derrière les seigneurs ecclésiastiques, ce qui
causa beaucoup de trouble.

Le procureur du Roy du bailliage de Vitri
s'étant levé représenta aux États que le Bailliage

de Vitri et les autres ·Bailliages de la Province
avoient fait assigner pour comparoir à la séance
les curés des villages de la Province comme faisant partie du clergé, et les gentilshommes de la
Province qui n'avoient point de seigneuries, mais
des biens en nature, comme faisant partie de la
noblesse.

Sur cette remontrance du Procureur du Roy
du Bailliage de Vitry, l'abbé Cliquet, député de
l'Église de Reims, se leva et dit : « Messei-
gneurs, nous ne pouvons recevoir ni admettre
dans le corps du clergé, des curés qui ne sont pas
seigneurs de fiefs ; il est vrai que les curés sont
du corps du clergé, lorsqu'il est assemblé pour
décider quelque point de doctrine sur la foi ou de
discipline ecclésiastique ; mais ici les seigneurs
ecclésiastiques ne sont assemblés qu'en qualité
de seigneurs temporels et pour la décision d'un
point de coutume ; c'est pourquoi, les sieurs curés
ne sont interessez que dans le cas qu'ils ayent des
seigneuries et des fiefs ; qu'en cette qualité ils ne
doivent comparoitre qu'au rang de la noblesse
pour défendre leurs droits et point du tout dans
le corps du clergé, c'est pourquoi il s'oppose à
leur séance et requere que ceux qui n'ont si seigneuries ni fiefs ayent à se retirer. »

Cette réquisition de la part du député de Reims
fit grand bruit ; tous les curés se levèrent ensemble et dirent que par leur caractère, ils
étoient du corps du clergé, ou du moins du corps
de la noblesse parce qu'ils en avoient les hon-
neurs. Ensuite le pauvre *abbé Cliquet fut moulu*

de coups de poing devant et derriére par les curés ; deux dames qui étoient dans le banc des curés crièrent miséricorde. On fut obligé de faire passer des cavaliers de la Marechaussée dans le banc du clergé pour appaiser cette tempête, jusqu'à ce que les Etats eussent prononcé tant sur le droit de la séance des curés que sur la séance des nobles qui ne possédoient que des biens en nature.

Comme le député de Reims avoit fait sa réquisition et que le President du clergé avoit décidé qu'il ne reconnoissoit pas dans les curés le droit de séance pour ceux qui n'avoient ni fiefs, ni seigneuries, le Marquis de Dormans prit aussi la parole et dit qu'il ne scavoit pas pourquoi l'on avait assigné les curés qui n'avoient nulle seigneurie, que puisque les seigneurs ecclésiastiques ne les reconnoissaient pas pour être dans leur corps dans le cas présent, les seigneurs de la noblesse ne pouvoient les recevoir dans le leur puisqu'ils n'étoient que roturiers et possédant des biens en roture ; qu'il étoit vrai que par respect pour le sacerdoce, les prêtres jouissoient pendant leur vie des attributs de la noblesse, mais que cela ne leur donnoit aucun droit d'être agrégés au corps de la noblesse. C'est pourquoi, il concluoit que les curés non nobles ne possédant aucuns fiefs ou seigneuries, mais seulement des biens en roture, se retirassent du corps des seigneurs ecclésiastiques, suivant la conclusion du clergé ; qu'ils ne fussent point admis non plus dans le corps de la noblesse et des seigneurs séculiers, mais qu'ils eussent à se retirer dans le corps du Tiers État.

Les curés ayant entendu cette conclusion se levèrent et menacèrent beaucoup le corps du clergé et surtout l'abbé Cliquet, député de Reims.

Les curés ne voulant point se mettre dans le Tiers État se retirèrent de l'assemblée et se firent un passage à coups de poings et de bréviaires, ce qui augmenta le tumulte qui ne fut appaisé qu'après qu'ils furent sortis, et par leur retraite les seigneurs ecclésiastiques furent débarrassés de gens qui les incommodoient beaucoup et qui ne furent appellés par le Tiers État que pour les raisons que l'on verra ci-après.

Il fut question de décider ensuite l'incident des gentilshommes qui ne possédoient aucuns fiefs, mais des biens en roture. Le Marquis de Dormans ayant pris l'avis des seigneurs ecclésiastiques et du banc des seigneurs séculiers qui vouloient unanimement que l'on fit retirer pareillement les gentilshommes qui ne possédoient que des biens en roture, il leur représenta qu'il étoit bien dur de conclure de prime abord que des gentilshommes se retirassent du corps de la noblesse, qu'il falloit auparavant leur donner l'option et qu'ensuite, suivant leur déclaration, on décideroit s'ils se retireroient.

Ce sentiment fut approuvé en exécution duquel M. le Marquis de Dormans dit : Messieurs de la Noblesse, qui ne possédez aucunes seigneuries ni fiefs, mais seulement des biens en roture, vous ne pouvez prendre aucune séance dans le corps de la Noblesse, quand vous voulez soutenir vos biens de roture ; en ce cas il faudra vous retirer et passer dans celui du Tiers État. Sur cela les gentilshommes se levèrent et répondirent : Monsieur, ayant l'honneur d'être gentilshommes, nous avons pris séance dans notre corps, et si l'arrière ban était convoqué, nous y serions appellés comme nobles.

Le Marquis de Dormans répondit : On ne vous fait pas de difficulté sur votre noblesse ; l'on convient que vous avez droit d'être convoqués et de prendre séance dans le corps de la Noblesse ; en cette qualité vous êtes les maistres de rester sur les bancs des Nobles. Mais si vous voulez soutenir vos biens de roture qui vous regardent personnellement, ce ne peut être en qualité de gentilhomme, en ce cas vous devez vous retirer dans le banc du Tiers État pour y soutenir vos droits de roture, ce que vous ne pouvez faire dans le corps de la Noblesse. L'on vous laisse le choix. Les gentilshommes, qui étoient debouts pendant ce discours, firent la révérence et dirent : Nous ne voulons point quitter notre corps et nous abandonnons les droits de roture ; cinq ou six sortirent sans rien dire, mais ne voulant point entrer dans le corps du Tiers État, ils n'ont point paru depuis dans le corps de la Noblesse ; ainsi finit cette première séance qui avoit été bien tumultueuse.

Le Tiers État avoit fait assigner les curés des trois bailliages de Vitri, Sainte-Menehould et Epernai, pour diviser les seigneurs ecclésiastiques. Ils scavoient qu'en 15...*(sic)*, les Ecclésiastiques s'étoient déclarés pour la non allodialité, en admettant les curés dans le corps ecclésiastique, ils espéroient se fortifier de leurs suffrages pour soutenir l'allodialité de la coutume.

Il en a été de même pour les gentilshommes qui ne possèdent que des biens en roture, que le Tiers État avoit fait assigner dans les mêmes vues de diviser la Noblesse et de fortifier leur parti, mais l'événement a rompu toutes les mesures, car de ces gentilshommes les uns ont mieux aimé rester parmi la Noblesse et renoncer à leurs droits de roture, les autres s'étant retirés de l'assemblée sans dire mot n'ont pas voté pour leurs biens de roture.

Deuxième séance du 28 avril.

La séance du matin ne fut occupée qu'à faire l'appel des seigneurs ecclésiastiques pour scavoir si tous ceux qui avoient été assignez comparoissoient en personne ou par procureur. Ensuite l'on fit l'appel des curés, mais les seigneurs ecclésiastiques s'opposèrent à ce que les curés fissent corps avec eux, disant que n'ayant nul droit de séance, ilz devoient se retirer dans le Tiers État où iis ne pouvoient paroître que comme premiers habitants de leurs paroisses et encore sans voix. C'est pourquoi les dits seigneurs protestoient contre les diverses réquisitions que les dits curés pourroient faire même dans le Tiers État. Les seigneurs séculiers conclurent la même chose sur quoi les commissoires déclarèrent qu'ils ne pouvoient pas intervertir dans l'ordre judiciaire, leur procès-verbal que comme les curés avoient été assignés, ils ne pouvoient s'empêcher d'entendre les curés, non pas comme faisant membres du corps ecclésiastique et séculier, mais seulement comme premiers habitants de leurs paroisses certiffiant l'usage de leurs dittes paroisses, qu'ils donnoient acte aux seigneurs ecclésiastiques et séculiers, que les dits curés ne comparoissoient pas comme étant de leurs corps, et que leurs dires et requisitions ne pourroient nuire ni prejudicier ausdits seigneurs deffenses au controire.

Troisième et quatrième séances.

Le 29 et le 30 avril, les séances furent employées à l'appel des seigneurs ecclésiastiques et séculiers et le premier jour de mai il y eut vacance à cause de la fête.

Cinquième séance.

Fut encore employée pour l'appel des seigneurs ecclésiastiques et séculiers.

Le 3 de mai vacance à cause du dimanche.

Le 4 mai l'on commença l'appel des sindics de paroisses. Le Tiers État, pour se donner des voix, avoit imaginé d'assigner ces gens là à comparoître afin d'attester la jouissance de l'allodialité dans leurs paroisses.

Tous les sindics des villages de la Province, qui étoient venus en même jour, ne purent trouver de logement, et ils n'en trouvérent qu'à condition de reconnaître l'allodialité de la coutume

3

que le Tiers État vouloit leur faire soutenir, et
comme le subdélégué de l'intendant de Champagne les avoit taxé pour leur voyage, à 15 sols,
ces pauvres gens mouroient de faim et ne trou-
voient pas même à se loger. Le Tiers État les me-
naçoit encore de les faire rester longtemps à
Vitri, parce qu'ils avoient fait décider par les commissoires, sous prétexte d'éviter la confusion,
qu'on ne les entendroit et qu'ils ne seroient appellés que par Bailliage, en sorte que, par ce
moyen, grand nombre de sindics, qui estoient de
trente à quarante lieues, auroient été obligés de
rester cinq ou six semaines à Vitri, sans avoir
de quoi vivre, ni de logement, obligés de quitter
la culture de leurs terres et leurs propres affaires,
pour ne comparoître que dans le rang de leurs
Bailliages. Cela fit, que la plupart des sindics de
paroisses passèrent des procurations et en char-
gèrent le Tiers État, pour comparoître pour eux à
l'appel des Bailliages. Les Procureurs et Avocats
qui se chargeoient de ces procurations, les faisoient faire comme ils vouloient en les faisant
déclarer qu'ils reconnoissoient l'allodialité de la
coutume et qu'ils ne payoient rien à leurs seigneurs, et dans 400 procurations il n'y en a pas
six qui ayent déclaré payer quelque chose à leurs
seigneurs, ou s'ils le faisoient, ils déclaroient
qu'ils payoient très peu de chose, et qu'encore ils
ne vouloient plus payer dorenavant, à moins que
les Seigneurs ne leur montrassent leurs titres, ce
qui renverseroit entièrement les prétentions des
Seigneurs, puisque par la loi générale du

Royaume de *Nulle terre sans Seigneur*, le sujet est obligé de montrer ses titres à son Seigneur et non le Seigneur au sujet, ce qui iroit à l'infini, puisque si cette maxime avoit lieu, chaque paysan seroit en droit de demander à son Seigneur la communication de ses titres, toutes les fois que la fantaisie lui en prendroit. C'est cependant ce que le Tiers État veut faire décider en accordant l'allodialité de cette coutume. Lorsqu'un sindic paroissoit à la séance, il y avoit des gens du Tiers État apostés exprés pour en tirer ces sindics et les mener au cabaret ou ailleurs, pour les empêcher de déclarer la vérité au sujet de la perception des droits de leurs Seigneurs. Ils faisoient faire à ces paysans, peu au fait des affaires, tout ce qu'ils vouloient et leur composoient des procurations au goût du Tiers État, ce qui se prouve aisément par le style de toutes ces procurations, qui est uniforme, surtout celles qui ont été passées par les notaires de Vitri.

D'ailleurs le Bailliage de Sainte-Ménehould avoit écrit deux ou trois mois devant, aux lieutenants généraux des Bailliages de Fismes, de Vitri, d'Espernai et de Châtillon-sur-Marne, en leur envoyant des Mémoires pour soutenir entre eux l'allodialité de la coutume contre les prétentions des Seigneurs ; comme ces Bailliages ont convoqué le Tiers État de leurs ressorts, ils ont pris la précaution de faire donner à la plupart des sindics de leurs Bailliages, des procurations telles qu'ils ont jugé à propos pour le soutien de leur principe.

Tous ces appels des sindics durèrent toute la semaine, depuis le lundi 4 jusqu'au samedi 9 du mois de mai. Le dimanche vacance.

Septième séance.

Les Seigneurs ecclésiastiques et séculiers tinrent leur séance le lundi ou 11ᵉ de mai. Messieurs les Princes du sang, c'est-à-dire M. le duc d'Orléans, le Prince de Condé, ouvrirent leurs sentiments (par procureur) et se déclarèrent pour que la coutume ne fut point allodiale, mais censuelle. Le duc de Bouillon, comme duc de Château-Thierry en fit de même. Comme l'on vit que tout le corps des Seigneurs ecclésiastiques et séculiers alloit dans le même sentiment par acclamation, le Tiers État en fut effrayé, et pour rompre une voix si générale, ils représentèrent à Messieurs les Commissaires, au sortir de la séance du matin ; Que c'étoit un tumulte et une confusion de recevoir les voix des Seigneurs ecclésiastiques et séculiers par une voix générale ;

Que les Seigneurs ecclésiastiques et séculiers avoient été assignés par Bailliage, qu'ainsi, il étoit du bon ordre de les appeller, pour donner leur voix selon les Bailliages d'où ils étoient ; parce que donnant leur voix en général, c'étoit un complot formé dont le Tiers État avoit lieu de se plaindre, et qui étoit contre la justice, et qu'afin de montrer l'exemple, il falloit commencer par appeller les Princes du sang, chacun dans les Bailliages où ils étaient. Les commissaires approuvèrent cette régle.

Huitième séance.

Le mardi 12 mai, les Commissaires représentèrent aux États que pour éviter le tumulte, empêcher que le Tiers Etat eut à se plaindre et n'eut aucune suspicion, il étoit de la régle qu'on appellât les Seigneurs ecclésiastiques et séculiers par Bailliage pour donner leurs voix, ainsi qu'ils avoient été assignez.

Le Marquis de Dormans s'opposa fortement à cette proposition, et dit que les Seigneurs ecclésiastiques et séculiers étant convoquez en corps, devoient être entendus de même par voix, si l'on vouloit, mais non par Bailliage, parce qu'il y avoit des Seigneurs ecclésiastiques et séculiers qui ne pourroient être entendus de plus de six semaines; qu'ils avoient besoin chez eux dans les circonstances critiques ou l'on se trouvoit; qu'ainsi ils ne pouvoient retarder.

Les commissaires répondirent qu'ils ne pouvoient dresser leur procès-verbal que par Bailliage et qu'entendre en corps les seigneurs ecclésiastiques et séculiers, c'étoit intervertir l'ordre de justice ; mais il fut décidé, malgré le corps de la noblesse, que l'on entendroit les seigneurs ecclésiastiques et séculiers par Bailliage.

Malgré toutes ces raisons qui étoient plausibles et qui étoient passées en arrêté, le Marquis de Dormans sentit tout le venin de cette proposition et se douta de tout ce qui en alloit arriver ; c'est pourquoi il pria le Président du clergé et quelques-uns de la Noblesse de venir conférer chez lui sur cette affaire qui étoit plus importante que l'on ne pensoit, pour leurs intérêts, ce qu'ils promirent de faire.

L'après-midi, les Seigneurs ecclésiastiques et séculiers envoyèrent dire qu'ils ne pouvoient se trouver à la séance, parce qu'ils avoient résolu de conférer ensemble par députation sur leurs intérêts communs.

La séance se tint l'après-midi ; mais les Seigneurs ecclésiastiques et séculiers ne s'y trouvèrent pas. Les commissaires continuèrent de dresser leur procès-verbal et appeller le Tiers-État par Bailliage ; ils donnèrent défaut contre ceux qui ne s'y trouvèrent pas, et qui n'avoient chargé personne de leur procuration.

Ils jugèrent quelques incidents pour la préséance entre quelques Bailliages, Prévotez et Élections. Le Parlement leur avoit donné pouvoir de juger ces petits incidents, mais non pas de juger ce qui regardoit les articles de la coutume qui faisoit l'objet de la tenue des États.

Les Seigneurs ecclésiastiques et séculiers s'assemblèrent par députation, cette après dînée, comme l'on en étoit convenu chez le Marquis de Dormans. Il leur représenta qu'il pensoit que l'ordre judiciaire vouloit qu'ils fussent appellez par Bailliages, comme ils avoient été assignez et convoquez ; qu'il sentoit que les commissaires avoient raison de ce côté là, mais que si cette proposition étoit dans les règles, par rapport au procès-verbal du Parlement, d'un autre côté cette proposition étoit dangereuse et qu'il y avoit un venin caché de la part du Tiers-État, qui avoit fait le premier cette proposition ;

Que la Noblesse étoit extrêmement maltraitée dans Vitri, ainsi que le clergé ; que le Tiers-État étoit absolument contre eux ; qu'ils n'avoient même pu trouver de logement commode ; qu'on avoit refusé à coucher à la plupart, qui avoient été obligés de rester dans leurs carosses, au milieu des rues ; que lorsqu'on avoit été s'en plaindre aux commissaires du Parlement, qui prétendoient avoir la grande main, c'est-à-dire la grande police, ils avoient répondu qu'ils n'avoient pas pouvoir de loger personne à la craye, qu'il falloit un ordre de la Cour pour cela; que même ils avoient été dans l'obligation de prendre un ordre de l'intendant de Champagne pour les loger ; que le Marquis de Dormans. leur chef, avoit un pareil ordre, et qu'enfin ils pouvoient se retirer vers le Maire et Eschevins pour les loger.

Quand on fut aux Maire et Eschevins, ils répondirent qu'il étoit impossible de loger tant de monde, qu'ils n'avoient point d'ordre de faire des billets de logement et qu'ainsi ils se pourvussent comme ils pouvoient.

Cela fit que la plupart des Seigneurs ecclésiastiques et séculiers, qui ne pouvoient se loger, ou du moins leurs domestiques et chevaux, à cause de la grande quantité de monde, prirent la résolution de se retirer chez eux et de laisser des procurations pour donner leurs voix en leur place. attendu qu'ils s'appercevoient bien qu'ils ne pourroient donner leurs voix de cinq ou

six semaines, puisque l'on seroit appelé par Bailliages.

Les Seigneurs ecclésiastiques et séculiers furent fortifiés dans cette résolution sur l'avis qui
vint le matin, d'un courrier au Marquis de Som-
miévre, qui est du bailliage de Sainte-Menehould,
que la nuit d'auparavant deux de ses villages
avoient été brûlés par un parti ennemi, ce qui le
fit partir sur-le-champ ; mais auparavant il donna
sa procuration en blanc par laquelle il déclara ne
point connaître l'allodialité de la coutume, mais
la regarde comme censuelle et prétendoit la censualité universelle pour toutes ses terres.

Cet exemple fut suivi de tous les Seigneurs ecclésiastiques et d'une grande quantité de Seigneurs séculiers, et la résolution en fut prise
chez le Marquis de Dormans ; ils le priérent tous
de se charger de leurs procurations, ce qu'il ac-
cepta volontiers parce qu'il crut par ce moyen
empêcher la division de la Noblesse, comme le
Tiers-État avait envie de le faire.

L'on prit pour modèle de procuration celle qui
avoit été envoyée de Paris au Marquis de Dormans par les Seigneurs absents, après quoi tous
les Seigneurs ecclésiastiques et séculiers partirent
pour se retirer chez eux ; il n'y eut que quelques
Seigneurs voisins qui restérent, ou ceux qui demeuroient dans la ville au nombre de dix ou
douze et qui accompagnèrent le Marquis de Dormans aux séances, avec les députez des Princes
du sang et quelques autres députez des grands
Seigneurs absents.

Il se rencontra une difficulté au sujet des notaires qui devoient passer les procurations, à moins qu'ils ne reconnussent l'allodialité de la coutume, et qu'ils ne fussent ce qu'on appelle allodiaux dans le pays, en sorte que ce nom d'allodiaux a passé en proverbe dans le pays, et l'on se demande les uns aux autres : Etes-vous allodiaux, nom qui est resté au Tiers État.

Neuvième séance.

Le mercredi 13, les Seigneurs ecclésiastiques et séculiers allèrent le matin à la séance. Le Marquis de Dormans y représenta quelques Seigneurs, soit ecclésiastiques, soit séculiers, qui ayant besoin d'aller chez eux, avoient voulu passer une procuration pour voter en leur absence par procureur et soutenir leurs droits, mais que les notaires de Vitri avoient refusé absolument de la faire comme les Seigneurs les vouloient et que par ce moyen les suffrages étoient genez et non libres ;

Que les avocats et procureurs du Bailliage de Vitri en faisoient de même, ne voulant se charger d'aucunes procurations qui ne fussent de leur goût, quoique ces procurations leur vinssent par la poste pour des Seigneurs absents ;

Qu'un avocat du Bailliage de Vitri avoit reçu depuis trois jours une procuration de Mme la duchesse de Bouteville, que quoiqu'il eut dû comparoistre pour elle, il l'avoit laissé prendre un défaut contre cette dame, ne voulant pas se servir de cette procuration ; qu'il concluoit à ce que cet avocat mit la procuration sur le bureau, afin de savoir quel étoit le suffrage de Mme de Bouteville et que cette procuration fut annexée au greffe du procès-verbal.

Cet avocat se leva et dit qu'il étoit vrai qu'il avoit reçu la procuration de Mme de Bouteville. mais qu'il ne vouloit pas soutenir contre sa conscience des droits qu'il ne croyait pas légitimes.

Le sieur Dupré, l'un des commissaires, se leva et dit aux corps des avocats et procureurs qu'ils se déshonoroient par une pareille manœuvre ; que tous les jours les avocats du Parlement soutenoient pour leurs parties des causes contre leur propre sentiment ; qu'ils devoient en user de même, sinon qu'il leur ordonnoit de se retirer de la séance et de n'y plus paroistre, leur enjoignant en ce cas, de porter toutes les procurations qu'ils pourroient avoir et celles qu'ils recevroient au greffe de la commission ; et puis, adressant la parole au lieutenant général de Vitri, il lui ordonna d'enjoindre au sindic de Vitri de recevoir toutes les procurations telles qu'on voudroit les faire dresser, sous peine d'interdiction et de cassation, et nomma un notaire d'office pour les recevoir ; ce qui fit qu'après la levée de la séance tous les Seigneurs ecclésiastiques et séculiers firent leurs procurations par devant notaires et partirent pour s'en aller chez eux.

L'après-midi la séance se tint et le Marquis de Dormans y fut accompagné seulement de dix ou douze gentilshommes de ceux qui estoient restez à Vitri. Il dit qu'il étoit chargé de toutes les procurations des Seigneurs ecclésiastiques et séculiers, et qu'ainsi il répondroit pour eux, lorsqu'on les appelleroit par Bailliages, puisqu'il avoit été ainsi réglé, mais en même temps, il fit une protestation que les procurations qui avoient été données ou qui seroient données aux procureurs ou avocats de Vitri qui sont du Tiers État ne pourroient nuire ni préjudicier non plus ; que les dire et réquisitions, que les dits porteurs de procurations pourroient faire au préjudice des droits que les Seigneurs ecclésiastiques et séculiers pouvoient prétendre dans leurs terres dont ils jouissent ou devoient jouir, il crut cette protestation utile, et l'avènement a fait voir qu'il ne s'étoit pas trompé.

Ensuite le Marquis de Dormans remit sur le bureau toutes les procurations qu'il avoit en main pour être annexées au greffe de la commission, ce qui fut fait, l'on fit ensuite les appels qui continuèrent et le Marquis de Dormans parla pour ceux dont il étoit chargé de procurations. lorsqu'on les appelloit, selon leur Bailliage, et il votoit pour la censualité de la coutume, selon qu'il avoit été arrêté par les Seigneurs ecclésiastiques et séculiers, lors de la conférence particulière dont on a parlé ci-devant.

Dixième séance.

Le jour de l'Ascension, vacance ; le lendemain 15, la séance se tint. Les commissaires du Parlement dirent qu'avant de passer outre, il étoit nécessaire de faire serment pour dire la vérité sur les articles de la coutume et sur la jouissance actuelle des Seigneurs, soit ecclésiastiques, soit séculiers, ainsi que le Tiers État, devoit faire pour l'explication des articles de la coutume qui étoient en contestation.

Le Marquis de Dormans dit qu'il étoit juste que le Tiers État fît serment, qu'il l'avoit prêté en la dernière convocation des États en 1509 ; d'expliquer en leur conscience les articles de la coutume qui étoient contestez pour, après leur avis pris, être statué sur les dits articles contestez par les Seigneurs ecclésiastiques et séculiers, mais que les dits Seigneurs ecclésiastiques et séculiers ne devoient point être sujets à faire le serment comme le Tiers État ; qu'en 1509 les dits Seigneurs n'avoient prêté aucun serment, ce qui se connoissoit par le procès-verbal de la rédaction de cette coutume à la comparution des Seigneurs ecclésiastiques par lequel procès-verbal, il paraît qu'ils n'ont pas prêté le serment puisqu'il n'en est pas fait mention.

Qu'ensuite est la comparution des Seigneurs séculiers à la fin de laquelle il est dit que lesdits Seigneurs séculiers et porteurs de procuration de leur part mirent lesdites procurations és mains du greffier pour les garder au greffe, sans qu'il soit fait mention que lesdits Seigneurs séculiers ayent prêté aucun serment ; qu'après, il est fait mention de la comparution du Tiers État à la fin de laquelle il est dit : après lesquelles comparutions le Procureur du roy requit défaut contre ceux qui

avoient été adjournés et n'étoient comparu ni ne
s'étoient fait exonérer, qui lui fut octroyé pour
le profit que de raison ; et lors firent serment
tous les susdits de bien et loyalement conseiller
et dire vérité sur le fait de ladite coutume et re-
montrer et avertir ce qui étoit utile et profitable
ou dommageable au bien commun et utilité du
pays.

Ce qui fait connoître qu'il n'y a eu que le Tiers
État qui ait fait serment de bien conseiller au lieu
que les Seigneurs séculiers et ecclésiastiques ne
conseilloient pas. Mais après avoir reçu l'avis et
conseil du Tiers État qui est composé de gens de
justice, avocats et praticiens, les Seigneurs ecclésiastiques et séculiers décidèrent en ces termes.
Nous tenons telle loi pour coutume ce qui fait
connoître que les Seigneurs ecclésiastiques et séculiers ne sont pas conseillers, mais sont ce qu'on
appelle décidants, après avoir pris l'avis et conseil du Tiers État, ce qui fait que les dits Seigneurs ne sont obligés à faire aucun serment
puisqu'il ne paraît pas qu'ils l'ayent fait en 1509
comme le Tiers État.

Le Tiers État avoit imaginé cet incident pour
diviser la noblesse et donner atteinte aux procurations qu'ils avoient données au Marquis de Dormans, parce que dans leurs procurations ils déclaroient qu'ils tenoient la coutume pour censuelle
et non allodiale et qu'ils jouissent pour eux et
pour leurs auteurs des cens, droits seigneuriaux
et lods et ventes dans leurs terres.

Le Tiers État prétendoit que lesdites procurations portant leurs déclarations et de plus étoient fausses, parce que la plupart de ceux qui avoient signé les dites procurations ne jouissent des dits droits qu'en partie et non en totalité, à cela les Seigneurs répondoient que la plupart d'entre eux jouissoient des dits droits dans leurs terres et que s'il y a quelqu'un d'eux qui ne sont pas en jouissance d'une partie, c'est que leurs sujets leur faisoient des procés à l'instigation du Tiers État pour ne les pas payer : mais qu'ils devoient jouir en totalité des dits droits dans leurs terres parce qu'ils ne reconnaissoient pas l'allodialité de la coutume, et qu'ils la tenoient pour censuelle et qu'ainsi en ayant le droict, leurs procurations étoient véritables et ne vouloient dire autre chose.

L'intention du Tiers État étoit donc de faire prêter serment aux Seigneurs ecclésiastiques et séculiers qu'ils recevoient actuellement leurs droits dans leurs terres afin de faire connoître que la plupart des Seigneurs n'ayant nulle possession ou ne l'ayant que pour une partie de leurs terres, le reste étoit en franc aleu.

L'intention du Tiers État en voulant obliger les Seigneurs de prêter le serment, étoit de les diviser par leurs déclarations et par ce moyen rendre leur possession plus foible et leurs droits plus équivoques. Les Seigneurs représentoient qu'il sembloit que c'étoit une enquête à laquelle on voulait les assujettir, mais qu'elle étoit abrogée par les ordonnances; qu'ainsi les commissoires passeroient en cela leurs pouvoirs et que

l'on devoit s'en tenir à leurs déclarations qu'ils
jouissent de leurs droits, et que ceux qui n'en
jouissent que par partie en étoient empêchés par
les procés que leurs sujets leur suscitoient, mais
qu'ils prétendoient jouir du tout suivant la coutume qui n'étoit point allodiale ; que leurs déclarations faites de cette façon devoient suffire, et
qu'ainsi ils n'avoient point de serment à faire et
qu'on ne pouvoit les y obliger, puisque les Seigneurs ecclésiastiques et séculiers n'en avoient
point fait en 1509, qui est la dernière assemblée
des dits États. Cette contestation finit la séance
du matin. L'après-midi, les Seigneurs ecclésiastiques et séculiers n'allèrent point à la séance et
il n'y eut que le Tiers État et les commissoires
du Parlement qui s'y trouvèrent. Les Seigneurs
vinrent chez le Marquis de Dormans tenir une
conférence particulière. On sceut que les Commissaires avoient fait une formule de serment pour
les Seigneurs ecclésiastiques et séculiers par lequel ils devoient promettre de bien conseiller sur
les articles contestez de la coutume, et de dire la
vérité sur la jouissance de leurs droits dans leurs
terres.

Sur le bruit de ce formulaire le Marquis de
Dormans crut qu'il étoit nécessaire d'envoyer au
greffier lui en demander communication ; le greffier la refusa en disant que lorsqu'on seroit à l'assemblée l'on liroit tout haut la formule du serment.

Sur cette réponse le Marquis de Dormans représenta à l'assemblée que le formulaire, s'il étoit

construit comme on le disoit, étoit tout à fait contraire aux priviléges des seigneurs des deux ordres, puisque cette formule de serment les rendoit conseillers comme il étoit exprimé. Cela posé les Commissaires du Parlement devenoient juges ce qui n'étoit pas, puisque par les Lettres patentes du Roy, ils n'étoient commis que pour dresser le procès-verbal des dires, réquisitions et avis des trois états et n'avoient point le pouvoir de juger sur les remontrances ; il fut résolu de ne point aller à la séance.

Les Commissaires du Parlement, scachant cette résolution, envoyèrent dire que l'on n'exigeroit point le serment de ceux qui étoient porteurs de procurations des Seigneurs absents ; que l'on ne l'exigeroit que de ceux qui seroient présents.

Cette modification ne contenta pas les Seigneurs ecclésiastiques et séculiers ; ils refusèrent de se trouver à la séance.

Les députés de MM. les Princes du sang s'y trouvèrent et déclarèrent que leurs procurations ne portoient pas de pouvoir de prêter aucun serment, qu'ils ne croyoient pas d'ailleurs qu'on put les y contraindre, et que pour cet effet les dits procureurs en alloient écrire à MM. les Princes du sang pour recevoir leurs ordres là-dessus.

Les Commissaires leur répondirent qu'en qualité de porteurs de procurations ils étoient dispensez de prêter le serment ; qu'ainsi il étoit inutile d'en écrire à MM. les Princes du sang, mais que pour les Seigneurs ecclésiastiques et séculiers qui étoient présents, ils devoient faire le serment, et qu'au cas qu'ils le refusassent les Commissaires se retireroient et s'en retourneroient à Paris.

Le Marquis de Dormans fit dire qu'il étoit porteur de procurations de Seigneurs ecclésiastiques et séculiers ; qu'il étoit par ce moyen dispensé de prêter le serment que les Commissaires vouloient exiger ;

Qu'à l'égard de lui, il voyait bien qu'on vouloit l'attaquer personnellement et lui faire faire le serment séculier en qualité de Marquis de Dormans ; qu'en cette qualité il ne pouvoit le prêter, puisque les Seigneurs de la Noblesse ne le vouloient pas prêter, et qu'en qualité de Prince de Ligne l'on ne pouvoit l'exiger de lui ; que les porteurs de procurations de MM. les Princes du sang ayant demandé du délai pour recevoir leurs ordres là-dessus ; qu'il en étoit de même pour lui et qu'il en alloit écrire à la Maison de Lorraine pour scavoir s'il devoit prêter le serment en particulier comme Prince de Ligne, ce qui ne paroissoit pas naturel, puisqu'il n'avoit droit à la séance des États de Champagne que comme Marquis de Dormans.

Cette réponse irrita les Commissaires et leur fit prendre un parti que l'on n'avoit pas prévu ; ils rendirent une ordonnance à la fin de la séance, par laquelle il étoit enjoint à tous Seigneurs ecclésiastiques de se trouver en personne, lundi 18 du mois de mai, à la séance et y prêter le serment.

Cette ordonnance fut affichée aux portes de la ville de Vitri, aux portes du Palais et envoyée par des archers de la Maréchaussée chez les Seigneurs et gentilshommes voisins à cinq et six lieues à la ronde. Les plus grands Seigneurs d'entre eux répondirent qu'ils ne vouloient pas s'y trouver ; qu'ils n'avoient nul serment à faire et qu'ils avoient donné leurs procurations à M. le Marquis de Dormans pour les représenter et dire leur avis, et que ce n'étoit pas de cette façon que l'on convoquoit la noblesse par affiches publiques aux portes d'une ville.

Plusieurs seigneurs séculiers vinrent à Vitri, et après avoir eu une conférence avec M. le Marquis de Dormans, ils déclarèrent n'avoir aucun serment à faire, et ensuite ils se retirèrent et retournèrent chez eux.

Ensuite le Marquis de Dormans fit dire aux Commissaires que la Noblesse étant dans la ferme résolution de ne prêter aucun serment, il ne pouvoit plus se trouver à aucune séance et qu'il alloit partir pour Paris.

Onzième séance.

LUNDI 18 MAI.

La séance se tint au matin ; le Marquis de Dormans n'y fut pas et il ne s'y trouva aucun gentilhomme du dehors ; cinq ou six, demeurant à Vitri, y furent et prêtèrent le serment demandé.

A l'égard des ecclésiastiques, il ne s'en trouva aucun, sinon le chapitre de la collégiale de Vitri.

qui est du sentiment de reconnaître l'allodialité
de la coutume, ainsi que les pères de la doctrine
chrétienne et les pères Minismes. Tous les susdits prêtèrent le serment ; cela fait, MM. les
Commissaires mirent dans leur procès-verbal que
le serment avoit été prêté par les ecclésiastiques
et les nobles qui s'étoient trouvés présents à la
dite séance, sans les nommer. Mais le Marquis
de Dormans et la grande noblesse qui ne de-
meure pas dans Vitri ne l'ont pas voulu prêter et
on ne leur en a point parlé depuis ; c'est ainsi
que cette séance fut terminée.

L'après-midi la séance se tint, et comme il n'é-
toit plus question du serment dont l'incident étoit
fini, le Marquis de Dormans fut prié de venir à la
séance, ce qu'il fit. Il représenta que M. le comte
d'Estrées, le Marquis de Renti et une trentaine
d'autres Seigneurs, tant ecclésiastiques que séculiers, qui demeuroient à plus de cent lieues de
Vitri, n'avoient pu envoyer leurs procurations à
cause de l'éloignement ; que l'abbé de Ventadour
étoit aussi du nombre et qu'il y avoit des procureurs
de leur part, qu'ils avoient envoyés, chargés de
leurs procurations, ainsi que M. l'abbé Joli de
Fleuri, cousin de M. le Procureur général, le
président de Salaberi et autres ; que lorsqu'il y
avait des deffauts au Parlement, l'on étoit admis
de les rabattre lorsqu'on se représentoit ; que l'é-
loignement étoit cause de ce retard, et qu'ainsi
ils demandoient à être reçus à donner leur avis.

Le Tiers État s'opposa qu'ils fussent admis et

les Commissaires dirent qu'ils ne pouvoient plus les admettre parce que le procés-verbal des deffauts étoit clos ; et malgré tout ce que le Marquis de Dormans put dire pour admission á leur faveur, cela fut inutile, et ils furent refusez, sur quoi le Marquis de Dormans dit auxdits porteurs de procurations : « Messieurs, présentez vos procurations par une requête au Parlement afin d'être ajoutez au procés-verbal, on ne peut vous le refuser. » Alors les dits porteurs de procurations se retirèrent de la séance ; il y a plus de 100 Seigneurs, tant ecclésiastiques que séculiers, qui sont dans le cas.

Ensuite le Marquis de Dormans mit sur le bureau un mémoire pour les dits Seigneurs, pour soutenir de leur part que la coutume est non allodiale, mais censuelle, et que les Seigneurs dans leurs terres ont droit de censive et de lods et ventes, que l'on accorde qu'il y a dans la coutume des francs aleus nobles et roturiers, mais qu'il faut des titres particuliers pour les posséder, et que les Seigneurs peuvent exiger des tenanciers de les montrer.

Il ordonna au greffier de lire ce mémoire tout haut. Cette lecture dura une heure et demie et fut applaudie par les Seigneurs ecclésiastiques et séculiers par acclamations et battements de mains.

Le Tiers État en parut consterné et demanda la permission d'y répondre, ce qui lui fut accordé ; cependant le mémoire de la Noblesse fut enregistré et incorporé au procés-verbal, et les Commissaires avouèrent au sortir de la séance qu'il seroit difficile d'y répondre.

Douzième séance, 19 mai.

Le Tiers État présenta un mémoire de la part de la ville de Vitri, dont on fit lecture. Ce mémoire tend à prouver que la coutume est allodiale, et que dans cette coutume il y a divers cens, scavoir :

Le cens ou chef cens seigneurial qui porte lods et ventes et le cens qu'on appelle querable, qui ne produit rien ; qu'il y avoit même des églises et communautés qui jouissoient dans l'enceinte de la ville de cens qui portaient lods et ventes sans avoir ni terres, ni fiefs, ni seigneuries. Ils en produisirent plusieurs actes, tant de la collégiale de Notre Dame que de l'Hôtel-Dieu de cette ville.

Cela parut fort extraordinaire à toute l'assemblée, même aux Commissaires, sur quoi le Marquis de Dormans dit qu'il y avoit différends cens, savoir le cens ou chef cens seigneurial qui de sa nature portoit le droit de lods et ventes et que tous les Seigneurs avoient ou devoient avoir dans leurs terres, ce qui estoit une preuve que la coutume n'étoit point allodiale, mais censuelle, mais qu'à l'égard du cens que l'on appeloit querable qui se produisoit, qu'on l'appeloit improprement cens, puisque ce n'étoit qu'une simple vente dont les héritages pouvoient être chargez, que tout particulier pouvoit posséder, que ce prétendu cens étoit prescriptible, mais que le cens ou chef cens seigneurial étoit imprescriptible et inremboursable;

Qu'il étoit étonnant que des particuliers ou des communautez eussent de prétendus droits de cens portant lods et ventes, sans qu'ils possédassent ni terres ni fiefs, ni seigneuries, qu'il demandoit l'application de ces actes pour pouvoir y répondre.

L'avocat de la ville répondit que quelques particuliers avoient acheté plusieurs terres en roture, et que les ayant revendues à d'autres particuliers, on les avoit chargées de cens et de lods et ventes par les contracts envers les premiers acquéreurs ; que les premiers acquéreurs avoient aumoné ces droits de cens et de lods et ventes ; qu'ils s'étoient retenus en vendant les dites terres à l'Hôtel-Dieu de Vitry et que tels étoient les titres que le roi François Ier, lorsqu'il avoit bâti la ville de Vitri, s'étoit retenu les cens droits, lods et ventes, qu'ensuite le Roi en avoit fait don à l'Hôtel de Ville de Vitri, à la charge d'entretenir le pavé de la ville et que suivant l'article 117 de la coutume de Vitri, les églises pouvoient avoir droit de censive.

Le Marquis de Dormans répondit qu'il étoit vrai que suivant cet article, les églises pouvoient posséder des censives ; mais que ce même article portoit que c'étoit des héritages chargés de cens, mais que l'on n'avoit jamais vu posséder des cens et des droits de lods et ventes sans héritage;

Que l'on ne disputoit pas à l'Hôtel de Ville de Vitri le don des cens, lods et ventes, que le Roi François Ier lui avoit fait ; mais que cet Hôtel de Ville ne pouvoit jouir que des cens qui étoient sur leurs terres qui composoient le district de la ville, ainsi que des lods et ventes, mais qu'il étoit inouï qu'un particulier se fut ainsi créé des cens et des lods et ventes dont il se seroit retenu le droit et ensuite les aumoner à un hôpital ; qu'il paroissoit que ces particuliers avoient senti le peu de droit qu'ils avoient dans cette chimérique création de cens et de lods et ventes et que pour s'y authoriser, ils avoient sans doute aumoné ces prétendus droits à l'Hôtel-Dieu de Vitri, jugeant bien que l'on ne les en laisseroit pas jouir tranquillement, puisque c'étoit une fraude faite à l'Hôtel de Ville même qui avoit seul le droit de lods et ventes dans Vitri ;

Qu'ainsi ces prétendus droits de lods et ventes et de cens aumonez à une Eglise ou à cet Hôtel-Dieu ne pouvoient authoriser un don invalide dans son principe ; qu'il sçait bien que dans ses terres ses procureurs fiscaux ne souffriroient pas d'actes pareils dans ses seigneuries, et qu'ils en demandoient la nullité ; que c'est ainsi que le Tiers État se forgeoit de prétendus titres pour authoriser le système de l'allodialité ; qu'il n'y avoit que le Seigneur haut justicier qui dut avoir des droits de censive ; que le Roi étant seul Seigneur dans Vitri, que c'étoit à lui que ces droits appartenoient ou à l'Hôtel de Ville, à qui le Roi en avoit fait don ; qu'il seroit étonnant qu'une chose aussi extraordinaire fut authorisée par les magistrats dans une Seigneurie où le Roi est seul Seigneur et que des Seigneurs particuliers ne souffriroient pas dans leurs terres.

Ce discours étonna beaucoup Messieurs les Commissaires ; ils parlèrent contre les actes et firent lever le Procureur du Roi du Bailliage pour lui demander quelle raison il avoit d'authoriser de pareils actes ou de les souffrir, et pourquoi il ne s'étoit pas élevé contre, comme le requeroit le devoir de son ministère.

Le Procureur du Roi du Bailliage répondit que l'article de la coutume permettoit aux Eglises d'avoir des cens et des lods et ventes, et que la coutume étant allodiale, tout particulier avoit droit lorsqu'il vendoit des terres allodiales, de se retenir dessus des ventes telles que bon lui sembloit.

Les Commissaires répondirent que l'allodialité étant en litige, c'étoit à la cour à la décider, qu'à l'égard des Eglises qui pouvoient jouir des droits de cens et de lods et ventes, ce droit ne leur étoit accordé que sur leurs héritages, mais non lorsqu'ils n'en ont pas, et qu'enfin le don d'aumone fait à l'Hôtel-Dieu de Vitri, comme Eglise, ne pouvoit authoriser un titre vicieux dans son principe.

Enfin le Procureur du Roi après bien des altercations de sa part et s'être beaucoup défendu pour ne point parler sur cette affaire, fut obligé de

dire qu'il n'avoit nulle connaissance de ces actes
et que les ignorant il n'avoit pu s'élever contre,
et qu'enfin il s'y opposoit pour le Roi, dont lui fut
donné acte.

C'est ainsi que le Marquis de Dormans réussit
dans ce chef, sur lequel le Bailliage de Vitri s'ap-
puyoit principalement depuis trois jours, pour
prouver l'allodialité de cette coutume, en disant
que des particuliers mêmes qui n'avoient ni
titres, ni seigneuries, jouissoient du droit de cens
et de lods et ventes, ainsi que les Eglises, suivant
l'article de la coutume. Ce débat dura toute la
séance.

L'après midi le Marquis de Dormans ouvrit la
séance par la déclaration qu'il fit des droits dont
il jouissoit dans son Marquisat de Dormans et
dans sa Baronnie de Trélou, l'une du Bailliage de
Châtillon-sur-Marne, et l'autre du Bailliage de
Château-Thierri, dans lesquels, de temps immémorial, il jouissoit du cens et du droit de lods et
ventes et cela dans toute l'étendue de ces terres :

Que ces droits du Marquisat de Dormans étoient
énoncés dans tous les aveux et dénombrements
passez à la Chambre des Comptes dans les ter-
riers, contrates de ventes et décrets en Parlement ;

Qu'il énonçoit ces titres, non que ce fut en
vertu d'eux qu'il eut ces droits, mais pour faire
connoître la jouissance publique et sans contestation qu'il avoit de temps immémorial et que
quand il n'auroit aucun titre, il prétendoit en

jouir en vertu de la coutume qui étoit censuelle et non allodiale ;

Que d'ailleurs ces droits avoient été vendus par le contract des dites terres et par le partage de la Maison des Princes et Princesses des Maisons de Condé et de Conti dont ils étoient garants, c'est pourquoi le dit Marquis de Dormans, à toute fin, faisoit la présente déclaration aux risques, périls et fortune des Princes de Condé et de Conti ses garants.

Le Marquis de Dormans ajouta qu'il étoit en état de prouver que les sujets de ses terres lui payoient les droits de censive et de lods et ventes sans nulle contestation puisqu'eux mêmes, lorsqu'ils vendoient leurs héritages, chargoient les contracts de vente de payer à la seigneurie de Dormans et à celle de Trélou et autres terres composant le dit Marquisat les droits seigneuriaux dont les dits héritages étoient chargez, desquels contracts de vente, il en présenteroit plus de quatre si le Parlement ordonnoit que les Etudes de Dormans et de Trélou fussent compulsées.

Les Commissaires ne voulurent point admettre ces dires ni pour le compulsoire des notaires, ni pour la garantie des Princes de Condé et de Conti à cause de la vente des dits droits de la terre de Dormans, disant que ces deux articles étoient inutiles et ne servoient de rien à la question. Ensuite les porteurs de procuration de Princes du sang et des autres Seigneurs ecclésiastiques et séculiers soutinrent la coutume non allodiale mais censuelle.

Il y eut de grands débats à ce sujet entre le Procureur ducal pour le duc de Mazarin contre les officiers du Bailliage de Mazarin et autres Seigneurs qui soutenaient la non allodialité.

Ensuite les officiers du Bailliage de Château-Thierri apportérent un acte de leur siége présidial par lequel les officiers du dit siége déclarérent qu'ils reconnaissoient la coutume pour censuele et non allodiale ; que tous les Seigneurs de leur Bailliage avoient dans leurs terres droit de censive et de lods et ventes, et que toutes les fois que cette question s'élevoit au siége de leur Bailliage on jugeoit contre l'allodialité en faveur de la censualité, et que les Seigneurs du dit Bailliage employoient les dits droits dans les aveus et dénombrements rendus au Duché de Chateau-Thierri ; que tel étoit l'usage de ce siége qui estoit certifié par les Baillis et autres officiers de justice et des Seigneurs dépendants du Bailliage de Château-Thierri, dont la terre de Trélou est du nombre.

Mais comme dans cet acte d'assemblée du Bailliage de Château-Thierri, les officiers s'étoient avisez de composer des articles de réformation de la coutume à ce sujet, les Commissaires du Parlement refusérent d'annexer cet acte à leur procès-verbal, disant que ce n'étoit point aux officiers du Bailliage de Château-Thierri à présenter réformes de cette coutume ; que c'étoit au Parlement à le faire et non à eux.

Ce refus fit un tort considérable à tous les Seigneurs du Bailliage, parce que l'acte de ce Bailliage faisoit connaître le droit des Seigneurs, et que la coutume n'étoit point allodiale dans ce Bailliage, d'où dépendent plus de quinze cent Seigneurs.

Tous les Seigneurs de ce Bailliage, comme le comte d'Estrées, à cause du Marquisat de Montmirail, avoient envoyé leurs procurations pour soutenir la censualité de la coutume dans leurs terres et le droit de lods et de ventes.

Ces Seigneurs, au nombre de plus de cent, ne furent point admis à donner leurs déclarations ni leur avis parce que les Commissaires du Parlement s'y opposèrent en disant que ces Seigneurs étoient défaillants, et n'avoient point comparu à l'appel ; que le procès-verbal des défauts étoit clos et arrêté et qu'on ne pouvoit rabattre les dits défauts ; qu'aussi les dits Seigneurs défaillants ne pouvoient plus être admis à comparoître ni à donner leur avis.

Tout ce que l'on peut dire au contraire de l'éloignement des dits Seigneurs, même de leurs services à l'armée d'où il avoit fallu attendre les pouvoirs, les Commissaires n'en voulurent jamais démordre et leur refus fut arrêté.

Mais les dits Seigneurs défaillants pourront faire leurs représentations au Parlement et faire ajouter leurs procurations et déclarations au pro-

cés-verbal, parce que l'assignation qui a été don-
née à toute la Noblesse étoit pour le 27 avril et les
jours suivant, tant que les séances des Etats du-
rent avec d'autant plus de raison qu'il y a une
quantité de Seigneurs qui étoient éloignez de plus
de cent lieues, et qu'ils n'ont pu par conséquent
envoyer leurs procurations assez à temps, les
assignations par lesquelles ils étoient avertis
étant arrivées trop tard, tels que le Marquis de
Renti, de Pracontal et autres qui sont éloignez
de plus de 200 lieues. Les officiers de chaque
Bailliage qui sont du Tiers État et qui ont eu le
soin de faire donner les assignations aux Seigneurs qui sont de leurs Bailliages, ont eu la précaution de ne donner ces assignations qu'à jours
très courts, afin qu'il y eut plusieurs Seigneurs
qui pussent y manquer, il y en a même beaucoup
qui ont le droit de censive dans leurs terres et qui
n'ont pas été assignez. Cette omission sans doute
a été faite à dessein par le Tiers État. Le Bailliage
de Châlons, qui a plusieurs censives dans le Bailliage de Vitri, n'a point été assigné. Les Jésuites
de Châlons ont été rejettez parce que leur procureur n'avoit qu'une procuration sous seing privé
par laquelle il étoit dit que la coutume étoit censuelle et que le Tiers État ne pouvoit rapporter
aucuns titres ni chartes des comtes de Champagne
du franc aleu général, roturier de cette coutume,
et que cette prétention du Tiers État étoit une
chimère.

Le Comte de Vertus comparut par son Procu-

reur fiscal, et dit qu'il reconnaissoit la coutume
pour allodiale et non censuelle ; qu'il ne prétendoit de droits dans son Comté de Vertus que suivant les titres et que les vassaux qui relevoient
de son Comté de Vertus n'avoient aucun droit de
censive ni de lods et ventes.

Tous les Seigneurs ecclesiastiques et séculiers
se récrièrent contre cette déclaration, mais l'on
n'en fut point étonné parce que tout le monde scait
que le Comte de Vertus est dans un état pitoyable
réduit dans un lit sans pouvoir en sortir, étant
perclus de tous ses membres, en sorte qu'il ne fait
rien que par le ministère de ses gens d'affaires ;
que la déclaration dudit Seigneur Comte de Vertus n'a été faite de cette manière qu'à l'instigation
et sur le Mémoire que le Procureur fiscal et le
Bailli de Vertus en ont dressé, lesquels Procureur
fiscal et Bailli ne l'ont pas désavoué dans Vitri,
puisqu'ils ont dit tout haut qu'ils ne pouvoient soutenir la censive de la coutume sans se perdre eux-
mêmes et leurs familles ; qu'ils possédoient beaucoup de biens en roture dont ils ne payoient rien
c'est pourquoi il étoit de leur intérêt particulier
de soutenir le franc aleu.

Mais tous les Seigneurs au nombre de plus de
soixante qui relèvent du Comté de Vertus, qui par
leurs aveus et dénombrements ont porté leurs
droits de censive et de lods et ventes au
Comte de Vertus, comme à leur Seigneur suze-
rain, ont protesté contre cette déclaration du
Comte de Vertus, et sont dans la résolution de se

pourvoir au Parlement et d'y produire leurs
aveus et dénombrements pour y faire connoître
le tort que le Comte de Vertus leur a fait par sa
déclaration et combien elle est peu sincére.

Ensuite le porteur de procuration de Mme la Duchesse d'Ancenis parla et dit que le Comté de
Roucy prétendoit jouir d'aucuns droits que suivant ses titres, qu'à l'égard de l'allodialité de la
coutume il n'entreroit pas dans cette question,
mais s'en rapporteroit à justice.

Le Marquis de Chareron, maréchal de camp,
qui posséde la terre de Mareuil-en-Brie, avoit
donné sa procuration pour soutenir que la coutume étoit censuelle et se joindre aux Seigneurs
ecclésiastiques et séculiers, mais comme cette
terre est du Bailliage d'Epernai et que le Président du Rocheret étoit député à Vitri de la part
de ce Bailliage et de l'élection d'Epernai pour
soutenir le franc aleu de la coutume, le dit du
Rocheret sachant que le Marquis de Chareron
alloit passer en poste dans Vitri pour aller à l'armée du Rhin, il attendit ce Seigneur à la poste et
le précha si bien que l'on envoya chercher un notaire de Vitri pour changer sa procuration, par
laquelle le dit Seigneur de Chareron déclare qu'il
se contente de jouir de ses droits seigneuriaux,
conformément à ses titres, et qu'à l'égard du franc
aleu prétendu de la coutume, il s'en rapporte à
justice.

Le Tiers État est content de cette dernière formule de déclaration au moyen de laquelle il pa-

roît que la censualité de la coutume n'est soutenue que par plusieurs Seigneurs ecclésiastiques et séculiers et non par la totalité. C'est ainsi que finit cette séance pour les Seigneurs qui a été la dernière qui les regarde.

TREIZIÈME SÉANCE.

20 Mai.

Cette séance du matin et de l'après-midi fut employée à recevoir les déclarations de tous les sindics des Bailliages qui avoient été assignez, mais comme les officiers du Bailliage, qui sont du Tiers État, avoient eu le temps de faire la minute des actes d'assemblées des villages de ces sindics, ces derniers parlèrent des droits que percevoient ou ne percevoient pas leurs Seigneurs, au gré du Tiers État.

Les sindics des Bailliages de Ste Menehould, de Vitri, de Fimes, d'Espernai et de Chatillon-sur-Marne ont tous déclarez pour la plupart qu'ils tenoient la coutume pour allodiale et de franc aleu qu'ils ne payoient aucuns droits seigneuriaux à leurs Seigneurs, et que ceux qui en payoient le faisoient malgré eux, qu'on les avoient exigez d'eux par violence, et qu'ils n'en vouloient plus payer, prétendant que s'ils avoient été condamnez contradictoirement à payer des droits seigneuriaux à leurs Seigneurs, c'est qu'ils avoient été mal défendus et qu'ils n'en vouloient plus payer dans la suite.

Quelques sindics en petit nombre dirent qu'ils payoient quelques droits à leurs Seigneurs en quelques cantons, mais que les trois quarts de leurs villages ne payoient rien.

D'autres sindics, au nombre d'environ douze, dirent et déclarèrent qu'ils payoient des droits seigneuriaux à leurs Seigneurs avec qui ils ne sont pas en contestation.

Un avocat se leva après que les sindics eurent parlé, et dit qu'il étoit chargé de la procuration de la ville de Dormans et d'un acte d'assemblée dudit Hotel de ville en vertu de quoi il s'opposoit à la déclaration qu'avoit faite le Marquis de Dormans au sujet de cette terre ; qu'il tenoit pour ces parties la coutume allodiale et de franc aleu ; que par l'aveu et dénombrement de Magdelaine Claret, Dame de Dormans, rendu au Roi en 1512, il n'étoit parlé dans ledit aveu que de quelques cens et droits seigneuriaux sur quelques héritages, ce qui ne faisoit pas la totalité du terrier de la terre de Dormans ;

Qu'il étoit vrai qu'actuellement les habitans de la terre de Dormans payoient à leurs Seigneurs des cens et des lods et ventes conformément au terrier de la dite terre qui avoit été fait en 1667, mais que la Maison de Broglio qui avoit acquis cette terre avoit fait faire ce papier terrier par force et par violence ; qu'ils étoient opposants au dit terrier et qu'ils avoient obtenu des conclusions de M. le Procureur général sur cette instance qui étoit pendante au Parlement ;

Que, comme les habitans de Dormans avoient

des terres sur le terroir du Bourg de Trélou et du village de Chassin, hameau de la commune de Trélou, ils s'opposoient à la déciararation que le Marquis de Dormans avoit faite sur cette terre; qu'ils n'entendoient plus payer aucuns droits seigneuriaux, attendu que suivant la coutume, ils étoient en franc aleu; qu'ils seroient venus plus tôt faire leurs déclarations, mais que le sindic de Dormans étant venu á Vitri avec son assignation avoit vu le Marquis de Dormans qui lui avoit pris la dite assignation et lui avoit dit qu'il feroit pour lui tout ce qu'il faudroit et qu'il s'en retourna; que sur le rapport du sindic la dite communauté de Dormans avoit fait l'acte d'assemblée pour faire son opposition sur les moyens ci-dessus expliquez dans le dit acte d'assemblée et qu'ils se mettoient pour la conservation de leurs franchises sous la protection de la Cour.

Sur quoi, le Marquis de Dormans se leva et dit que tout ce que l'avocat de la communauté de Dormans venoit de dire étoit une histoire controuvée et faite à plaisir ; qu'il étoit aisé de connoître par le style de ce prétendu acte d'assemblée qu'il n'avoit pas été fait par un sindic qui ne pouvoit parler de droits, ni de question pareille comme on le faisoit parler ; qu'ainsi il étoit aisé de connaître que cet acte d'assemblée avoit été forgé par le Tiers Etat qui en avoit sans doute envoyé le modèle pour le dresser comme il étoit. Que la déclaration que le Marquis de Dormans avoit faite des terres de Dormans et de Trélou était sincère et

véritable, qu'il le prouveroit lorsqu'il seroit nécessaire par des titres énonciatifs ;

Que de temps immémorial il n'y avoit eu
aucuns procès au sujet des droits de cens et de
lots et ventes dont lui et ses auteurs avoient joui
paisiblement et sans contestation, qu'il défioit
qui que ce soit de pouvoir en présenter un exploit
ni une requête. Qu'il est vrai qu'il y a eu plusieurs
procès pour d'autres droits, mais que pour ceux
de censive et de lods et ventes il n'y en avoit jamais eu aucuns qui fussent de sa connaissance.

Que le terrier de 1667 avoit été fait à la requête
de M. le Comte de Broglio, alors Seigneur de
Dormans, en vertu de lettres de la chancellerie
revêtues de toutes les formes et par-devant deux
notaires, qui ont été commis pour recevoir les déclarations de tous les détempteurs des sujets de
cette terre et autres étrangers, tous lesquels ont
signé leurs déclarations :

Que le terrier a été fait et achevé sans aucune
opposition de la part des habitans de Dormans et
autres étrangers qui possédoient des biens en
cette terre.

Que c'est sur ce terrier que les cueillerets et
censuels ont été faits sur lesquels les habitans depuis 1667 jusques à présent ont toujours payé les
droits seigneuriaux ; qu'il ne connoît point de
procès au Parlement au sujet de ses droits de
censives et de lods et ventes, qu'il n'y en a jamais
eu et que c'est un fait avancé faussement ;

Que la communauté de Dormans n'est pas en
droit de s'opposer à sa déclaration de la terre de

Trélou, parce que le bourg de Trélou est une paroisse différente de celle de Dormans ; que Dormans est du Bailliage de Châtillon-sur-Marne et Trélou du Baillage de Château-Thierri, que dans ce dernier Bailliage on n'y tient point la coutume en franc aleu, suivant l'acte et déclaration que le dit Bailliage en a donné, et que tous les Seigneurs de ce Bailliage sont en possession, ainsi que celui de Trélou, de jouir sans contestation du droit de lods et ventes et censives dans leurs terres.

Que le sindic de la ville de Dormans ne peut parler tout au plus que pour cette ville, mais qu'il ne peut parler pour les autres villages, communautez et clochers qui composent le Marquisat de Dormans ; que les sindics et communautez de ces villages ne s'opposent pas aux droits du Marquisat de Dormans, comme fait le sindic de cette ville.

Qu'il est faux que le Marquis de Dormans ait vu le sindic de cette ville et qu'il ait pris son exploit, puisque ce sindic, en vertu de son assignation, a paru à l'appel, ou plutôt le même avocat s'est constitué pour lui ; qu'enfin le Tiers État a toujours donné, depuis que les séances sont ouvertes, des marques du peu de respect envers les Seigneurs, ceux qui étoient chargez de parler pour les sindics l'ayant toujours fait avec indécence. Ensuite un avocat se leva pour parler pour le sindic du Comte de Joyeuse, Comte de Grand-Pré, lequel déclara que les habitans des terres du Comte de Grand-Pré étoient continuellement vexés par leur Seigneur qui exigeoit et leur fai-

soit payer des droits qu'ils ne devoient pas ; qu'il
avoit obtenu contre eux plusieurs arrêts contra-
dictoires pour le payement des drois seigneuriaux
qu'il exigeoit. mais qu'aujourd'hui qu'ils ne veu-
lent plus payer et s'opposent aux dits arrêts qui
sont inscrits. et en vertu desquels il avoit ruiné
trois de ces villages et contraint les habitans de
déserter, ce qui les mettoit hors d'état de payer
ni tailles ni subsides pour le Roi : qu'enfin ils
avoient présenté une requête civile contre les dits
arrêts.

Ensuite un autre avocat se leva et dit que M. le
Comte de Grand-Pré avoit fait une caballe parmi
la noblesse pour soutenir que la coutume étoit
censuelle et. pour cet effet. qu'il avoit envoyé
dans toute la Province un modèle de procuration
pour le faire signer à tous les Seigneurs séculiers ; qu'il avoit encore envoyé une lettre-circulaire à tous les Seigneurs de la Province par laquelle il marque d'envoyer six francs à son procureur au Parlement de Paris et à son avocat
pour soutenir cette cause : que c'étoit lever des
deniers publics, que cela ne se pouvoit qu'avec
authorité du Roi et avec sa permission : que cette
lettre-circulaire et le modèle de procuration
avoient été envoyés à plusieurs Seigneurs de la
Province par un garde de la Maréchaussée qui en
avoit reçu ordre de M. le Comte de Grand-Pré : que
l'on représenteroit cet ordre qui avoit été envoyé
au Brigadier de la Maréchaussée de Ste Menehould
avec la dite lettre-circulaire et le modèle de procuration avec la copie de la lettre du dit Brigadier

de la Maréchaussée, écrite en conséquence des Seigneurs de la Province, et qu'il requéroit que le tout fut annexé à la minute du procès-verbal des Commissaires du Parlement.

A quoi fut répondu pour la Noblesse que M. le Comte de Grand-Pré étant commandant pour le Roi dans la Province, il avoit le droit de donner ses commissions aux Brigadiers de la Maréchaussée qu'il commandoit ; qu'il étoit bien juste qu'il se concertât avec les Seigneurs de la Noblesse pour leur intérêt commun ; que le Tiers État avoit fait bien plus, qu'il avoit perverti les sindics des communautés dont ils avoient changé la plupart des procurations et les avoit obsédés par toutes sortes de voies et de moyens illicites, pour leur faire reconnaître l'allodialité de la coutume.

Nonobstant toutes ces raisons, les Commissaires ordonnèrent que les dites pièces seroient annexées au procès-verbal, qu'elles seroient paraphées par première et dernière et acte de leur dépôt.

Ensuite un autre avocat se leva et dit que M. le Marquis de Dormans s'étoit plaint diverses fois pendant la tenue des séances que le Tiers État faisoit des menées pour corrompre les sindics des communautez, changer leurs procurations afin de les faire parler selon leurs désirs ; que les Seigneurs de la Noblesse n'en avoient pas moins fait à l'égard des sindics des dites communautez, puisqu'ils ont même usé de violence dont le Tiers État se plaignoit, et que pour preuves il apportoit à

M^rs^ les Commissaires deux pièces qui notifioient de ces violences.

Que M. le Marquis de Pracontal, Maréchal de camp des armés du Roi, étoit Seigneur de la terre de Breuil ; que les officiers de la dite terre pour le Seigneur avoient voulu contraindre le sindic du dit village de reconnoître ses droits seigneuriaux et de signer un acte d'assemblée pour soutenir que la coutume étoit censuelle ; que le dit sindic et communauté ne l'ayant pas voulu faire, on les avoit menacez de punition corporelle et de garnison, ce qui étoit une exaction ; que le Marquis de Pracontal voyant le refus du sindic et de la communauté de Breuil s'étoit retiré vers le subdélégué de l'intendant de Soissons à Château Thierri, duquel il avoit obtenu un ordre par lequel il étoit enjoint au sindic de Breuil de venir rendre compte de sa conduite, pourquoi il n'avoit pas voulu la signer et que l'on eut à payer cinq sols au porteur du dit ordre ; que le sindic de Breuil, au lieu d'obéir à cet ordre, s'étoit retiré à Château-Thierri chez un notaire, où il avoit fait sa plainte des dites vexations et menaces, dont il avoit requis acte, et qu'il se mettoit sous la protection du Parlement pour empêcher les violences que l'on pourroit exercer contre lui ; que les communautez de Verdon et autres villages appartenant à Mme de Varenne avoient signé un pareil acte d'assemblée au profit de leur Seigneur, le tout par force et violences, c'est pourquoi le dit avocat requéroit que les dites pièces fussent cotées et paraphées par première et dernière pour être an-

nexées au procès-verbal des Commissaires. Le
Marquis de Dormans s'opposa à la réquisition de
cet avocat et dit que loin que ces pièces prouvas-
sent les violences prétendues, qu'elles prouvoient
au contraire le concert parfait du Tiers État pour
faire parler les sindics des communautez contre
leurs Seigneurs, et qu'il étoit impossible qu'un
sindic, paysan et grossier, eut pu dicter un pareil
acte; que le style de cet acte déceloit le concert
du Tiers État pour en induire contre la Noblesse;
que ce sindic de Breuil ne pouvoit parler que
pour sa communauté et non pas pour les communautez voisines qui ne le regardoient pas; que
tout cela n'étoit fait que pour donner atteinte s'il
étoit possible à l'acte que les officiers du Bailliage
de Château Thierri avoient fait, par lequel il cons-
tatoit que la censualité avoit lieu dans toute l'étendue de leur Bailliage, dont la terre de Breuil dépendoit.

Les Commissaires du Parlement dirent que le
prétendu ordre du subdélégué de Château Thierri
étant émané de l'authorité publique sans que le
dit subdélégué eut été entendu là dessus, on ne
pouvoit y toucher, c'est pourquoi ils rejettérent
les dicts actes, et ne voulurent point les annexer
à la minute du procès-verbal.

Le Marquis de Dormans protesta pour la Noblesse et dit que toutes les procurations et actes
d'assemblées des sindics et communautez ayant
été pour la plupart minutés et même changés par
l'organe du Tiers État, ne pouvoient nuire ni préjudicier aux Seigneurs ecclésiastiques et séculiers

non plus que leurs déclarations, avec d'autant plus
de raison que les dicts sindics avoient été assignez pour comparoître aux dits États contre tout
droit et par l'artifice du Tiers État pour se donner
plus de voix ; que les sindics des communautez
n'avoient jamais été appelés ni convoqués aux
dits États ; que c'étoit la première fois ; qu'ils
n'y avoient nul droit, sinon que comme premiers
habitants de leurs villages, ce qui ne pouvoit se
soutenir. puisque le Tiers État n'avoit droit que
d'être composé des officiers des Bailliages, soit
Royaux, soit Seigneuriaux, avocats et praticiens.
C'est pourquoi il faisoit toute protestation contraire à la convocation des dits sindics des communautez comme étant inusitée ; que d'ailleurs
leurs déclarations n'étoient que des libelles contre
l'autorité de leurs Seigneurs ; ainsi finit la
séance.

QUATORZIÈME SÉANCE.

L'on ne tint plus d'autre séance pour donner le
temps au greffier de la commission de transcrire
des Mémoires que le Bailliage et les Avocats de
Vitri avoient lus pour le maintien de l'allodialité.

Ensuite le 23 mai, au matin, veille de la Pente-
côte. on tint la dernière séance, dans laquelle le
Marquis de Dormans persista dans ses dires et
réquisitions pour les Seigneurs ecclésiastiques et
séculiers, et protesta en général contre tout ce

qu'avoient pu dire et faire les sindics des communautés et les curés de villages qui n'ont pu ni dû être convoqués pour les raisons susdites.

Ensuite il dit que ne pouvant répondre dans la ville de Vitri aux Mémoires produits par les Bailliages et gens du Tiers État, faute de conseil, il requéroit la communication des dites pièces à Paris pour y répondre et être le tout produit en la cour de Parlement.

Ensuite le Tiers État fit pareilles protestations de répondre aux écritures des Seigneurs ecclésiastiques et séculiers à Paris, requérant pareillement communication des pièces.

Messieurs les gens du Roi se levèrent et dirent qu'au cas que la coutume fut déclarée allodiale par le Parlement, ils protestoient que cela ne pouvoit nuire aux droits du Roi.

Les Commissaires du Parlement donnèrent acte de tous les dires, réquisitions et protestations des parties, et on renvoya le tout pour y être statué en cour de Parlement.

C'est ainsi que s'est terminée l'assemblée des États à Vitri le François le 23 mai 1744.

FIN.

Imprimerie V⁰ TAVERNIER et FILS, à Vitry-le-François.

69